Petruta Ritter

Salzkammergutzauber

Petruta Ritter

Salzkammergutzauber

Impressum
Copyright 2013 Petruta Ritter
Bildnachweis: fotolia-hofi777
Lektorat und Satz: Neuautoren-Verlag,
91541 Rothenburg
ISBN 9783732291045
Herstellung und Verlag:
BoD - Books on Demand, Norderstedt

Es ist dumm, sich über die Welt zu ärgern.
Es kümmert sie nicht.

Marc Aurel

Salzkammergutzauber

Die Uhr an der Wand zeigte weit nach Mitternacht: halb zwei. Die dichten Regentropfen peitschten seit Tagen mit einer für diese Jahreszeit (Anfang September) verfrühten Kälte auf die leidenden Herbstblumen, deren Stängel auf der stark erweichten Erde keinen Halt mehr hatten. Selbst die Erde litt im Stillen, da die Möglichkeit Wasser aufzunehmen, erschöpft zu sein schien.

Trotz der späten Stunde blieb mein Geist wach und drängte mich stumm diese Kurzgeschichte zu schreiben. Die geheimnisvolle Finsternis der Nacht hatte eine inspirierende Wirkung, die mich ohne große Anstrengung zum Schreiben verleitete und verhalf. Die Gesellschaft der Muse versetzte mich in eine makellose Welt: die Welt der schwerenlosen Phantasie, welche die wundersame Gabe besitzt, Dinge in einer Vollkommenheit erscheinen zu lassen, die sonst in der reellen Welt nicht möglich wäre.

Der frühe Herbst in der Berggegend ist oftmals dürftig an sonnigen Tagen, was mir manchmal Unbehagen bereitet. Der Traunstein, dessen Fuß im Traunsee fest verankert ist, ist keine gezähmte Landschaft. Sie kann zwar durch ihre wilde

Schönheit erfreuen und begeistern, uns auch zum Verweilen einladen, doch genauso gut kann sie uns durch ihre unberechenbare Macht das Fürchten lernen. Beim Anblick des zerklüfteten Felsmassivs kann man die zerstörerische Kraft der Naturgewalten nur erahnen und trotz diesen Widrigkeiten, seit ungezählten Jahren, hat es Stand gehalten und spiegelt sich stolz im Traunsee, sich seiner Faszination stets bewusst. An das launenhafte Wetter des - an sich mit üppigen Naturschönheiten ausgestatteten - Salzkammergutes gewöhnt man sich als Zugereiste sehr langsam. Oft spielte ich mit dem Gedanken, in freundlichere Gegenden auszuwandern, doch im Traunstein verbirgt sich eine wirklich magnetische Anziehungskraft und einmal in seiner Umgebung eingewurzelt, lässt er einen nicht mehr los.

Nach dem schneereichen, langen Winter mit seinen kurzen Tagen zeigt sich funkelnd in den Regenbogenfarben des Sonnenscheins mit seinem lebensfrohen Festen der Natur, im Rausch der Düfte der unzähligen Blumen, der ewig junge Frühling. Angesichts dieser Herrlichkeit erwacht meine Liebe für das Salzkammergut aufs Neue, hoffend, dass in diesem Jahr die kalte Zeit nicht so bald einbrechen würde. Im Glanz des blauen Himmels, der in meinen Garten herein stürzt, unter den Primeln und Hyazinthen auf die Bienen blickend, die satt Nektar trinken, um damit ihr Königreich zu versorgen, empfinde ich in diesen Augenblicken, dass der Frühling nur hier im Salzkammergut so schön sein kann. Ich kann die Augen von diesen zauberhaften Szenarien nicht mehr losreißen, die mich für die kalten Tage des Winters großzügig entschädigen.

Das Flugzeug

Am Himmel ein Flugzeug eilt unbeirrt
Irgendwo zu einem entlegenen Ort
Wer weiß schon wie oft flog es dort
Wo der Mensch sich in Träumen verliert
Ausgehungert nach Sonne und Meer
Die Sehnsucht nach Urlaub zu stillen
Freier zu leben nach eigenem Willen
Ohne Computer, den Kopf pflichtenleer

Den Blick nach dem Flugzeug
In der Wiese ich sitze
Und verfolge seine weiße Spur
Ein Riss in dem Himmel, eine geflochtene Schnur
Die mit den Wolken verschmilzt

Hinter mir der Birke üppiges Kleid
Von Wärme umsäumt – in den Lüften sich wiegt
Eintönig – ihr Rascheln Geheimnisse birgt
Aus längst entschwundener Zeit

Eine Amsel vergnügt schwirrt ohne Sorgen
Ihre schrillen Lieder aus Freude und Lust
Noch ist sie ihrer Freiheit bewusst
Noch keinen Nachwuchs hat sie zu versorgen

Am Rande des Weges – Vergissmeinnicht
Schwelgt in Blau
Die Farbe bekam sie vom Himmel
Ich pflücke die Worte für ein Gedicht
Die mir begegnen mit leisem Gemurmel

Die Kraft des Frühlings

Die Kraft des Frühlings hebt alles zum Licht
Blumen und Gräser, Sträucher und Bäume
Die dampfende Erde mit frischem Gesicht
Badet in lieblichen Träumen
Biegsame Äste stellen zur Schau
Ihre neugeborenen Blätter
Leise Lob flüsternd dem Wetter
Das noch immer duftend nach nächtlichem Tau
Lauscht entzückt und bleibt sonnenklar
Einatmend Akaziendüfte
Die narkotisierend berauschen die Lüfte
So schön ist der Frühling nicht jedes Jahr
Azurblau der Himmel, Wolken nur am Rande
Im Trauntal die Wälder sind still
Es ist alles da was ich will
Sorglos liege ich am Traunufer im Sande

In ihrem blauen Gewand eine Meise
Ruft laut unterbrechend die Stille
Sie dreht mit eisernem Willen
Im steigenden Flug ihre Kreise

Ich schaue ihr nach
Wie sie sich zum Himmel begibt
Ihre Stimme ertönt in das All
Ich werde ein bisschen sentimental
Und wünsche, dass die Meise nie stirbt

Der Vollmond

In dem Dunkelgrün der Tannen
Von dem Abendstern begleitet
Monoton und gleichmäßig
Atmend tief der Vollmond gleitet

Um ihn eine Flut von Sternen
Leuchten in der finstren Nacht
Mit den Blicken in die Leere
Halten auf den Himmel wacht

Aus jeder Himmelsrichtung
Neue Flammen sich entzünden
Wo entstehen diese Lichter?
Wer kann schon das All ergründen?

Beim Betrachten dieses Zaubers
Seine Schönheit hält mich fest
Während durch das offene Fenster
Meines Zimmers der Wind bläst

Mond, Du prächtiger Geselle
Durch den weiten Himmel schwebst
Du mit Deinem Glanzgefunkel
Auf der Erde Traum belebst

Menschen, Wälder, große Meere
Reichtümer ohne Zahlen
Alle folgen Deinem Lauf
Und sind Deinem Charme verfallen

Von zerrissenen Gedanken
Überflutet ist mein Geist
Und der Vollmond zieht vorüber
Stolz die Himmelswölbung kreist

Die einsame Weide

Meine Blicke verloren sich in der Tiefe einer trost- und leblosen Schottergrube, wo noch einige Jahre zuvor ein alter, geschichtstragender Buchenwald die Umgebung beglückte. Gerne ging ich in Begleitung meines lieben Hundes auf dem schmalen Pfad, der sich mitten durch den Wald schlängelte, bis zu einer kleinen Lichtung, wo eine Wasserquelle entsprang.

Wir nahmen uns ausgiebig Zeit den raunenden Wald zu belauschen und die frischen Düfte einzuatmen.

Alles nur noch Erinnerung!

Die Gegenwart stimmt mich traurig: Beim Anblick dieser Schottergrube blutet mein Herz.

Doch plötzlich entdeckte ich auf einer steil fallenden Mauer eine grüne Pflanze, die ich von Weitem nicht richtig einordnen konnte. Bei näherer Betrachtung stellte ich fest, dass es eine zirka fünfzig Zentimeter große Weide war, die den widrigen Lebensbedingungen trotzend, mit einem starken Überlebenswillen ausgestattet, ihre zarten Wurzeln durch die kleinen und großen weißen Steinen ausdehnte, um nach Feuchte zu suchen. Wie mutig hat sie gekämpft, in dieser feindlichen Welt Wurzeln zu schlagen, wie genügsam lebte sie, fest entschlossen, eine große Weide zu werden.

Mit schwerem Herzen verließ ich das kleine Bäumchen, mit einem bangen Gedanken, sie könne verdursten. Die unbarmherzige Julihitze machte sogar meinem gut bewässerten Garten zu schaffen: unweigerlich fragte ich mich, was aus der kleinen Weide werden wird, wenn ihre zarten Wurzeln in den locker sitzenden Steinen in die Tiefe stürzen?

Dieser Gedanke ließ mich den ganzen Tag und auch in der Nacht nicht mehr los: ich musste die Weide retten. Am nächsten Tag beschloss ich, sie aus der steilen Mauer loszureißen und ihr an der Südseite meines Gartens einen würdigeren Platz zu geben; ihren grünen Stamm wachsen zu sehen, ihren raschelnden Blättern zu lauschen, mich an ihrer üppigen Gestalt zu erfreuen. Aber die Mauer war steil und die Bergung gefährlich. Die Hundleine könnte hilfreich sein. Ich machte eine Schlaufe und warf diese einige Male auf einen dünnen Ast der kleinen Weide, bis die Schlaufe endlich Halt fand. Vorsichtig zog ich sie zu und mit viel Gefühl, aber vor allem mit viel Geduld zog ich so lange hin und her, bis sich die kleine Weide aus dem heißen Gestein loslöste. Einige Wurzeln blieben zurück, doch ich war zuversichtlich, dass die wenigen Krallen, die noch an ihren Füßen hingen, ausreichen würden, um sich in einer gut bewässerten Erde festzuhalten, um dann weiter zu gedeihen.

Zwischen Zuversicht und Bangen betreute ich das kleine Pflänzchen tagelang, aber die Blätter, die sie in ihrer alten Heimat trug, fielen alle ab. Ich war traurig, aber ich hörte nicht auf, es weiterhin zu bewässern und zu hoffen, dass es überleben würde.

Eines Tages sah ich zarte Knospen an der Stelle, wo die Blätter abfielen; mit jedem Tag wurden sie größer, bis dann aus den kleinen Knospen winzige hellgrüne Blättchen wuchsen.
Nun wusste ich: die Weide lebt! Sie begann zu wachsen – ich hatte sie gerettet. Sieben Jahre sind seitdem vergangen. Heute ist sie eine stolze Weide und Tagesbehausung unzähliger Vögel, die sich gerne auf ihren leicht biegsamen Ästen hin und her schaukeln lassen. Ich schaue gerne hin und erfreue mich ihres Daseins.

Dort im Wald

Dort im Wald, wo Quellen murmeln
Sprudelnd aus der Tiefe rein
Und durch moosbedeckte Felsen
Schlingen sich zur Schlucht hinein

Dort, wo durch die alten Buchen
Schwerlich sickert Tageslicht
Wo die scheuen Rehlein suchen
Schutz im frisch ergrünten Dickicht

Dort, wo auf den Baumwipfeln
Hallen Potpourrigesänge
Mein Hörsinn lauscht unersättlich
Dieser meisterlichen Klänge

Wo der Wind durch dichte Blätter pfeift
Verträumt und monoton
Und am Abend Wehmutklänge
Weinen aus dem Alpenhorn

Dort ist meine Zufluchtsstelle
Dort mein Auge glücklich schaut
Bunte Blümlein, zarte Gräser
Die mir allesamt vertraut

Dort entfliehe ich dem Alltag
In des Waldes weichen Schoß
Unbeschwert in mir versunken
Glücksgefühl in Fluten floss

Sommerflieder

Kleine Amethysten Tröpfe
Dicht gereiht und fein gewebt
Ihre glanzerfüllte Farbe
Die Pracht meines Gartens hebt
Beim Betrachten dieser Blüte
Durch das müde Augenlicht
Frische strömt
Und wie ein Wunder
Sieht mein Auge helles Licht

Seine Zweige dicht behangen
Mit der schweren Blütenpracht
Dieser Schönheit selbst
Die Sonne ihr entgegen zärtlich lacht
Durch die spitzen langen Blätter
Leicht entrinnt die weiche Luft
Übers Dorf und Flur sie breitet
Würzig reichen Fliederduft

Wie ein liebliches Gemurmel
Zauberworte raunt sie leise
Lockend Schmetterlingen Schare
Drehend fröhlich ihre Kreise
Landen sanft auf dichten Blüten
Ausgiebig aus dem Vollen
Mit Genuss aus jeder Blüte
Emsig süßen Nektar holen

Dieser zart beschmückte Strauch
Soviel Friede strahlt er aus
Einen Sommer lang in Würde
Gut platziert vor meinem Haus
Soviel Glanz in seiner Farbe
Ich könnt schwärmen ohne Ende
Doch am Abend ihm in Freundschaft
Einen Blütenzopf entwende

So erhoffe ich mir innigst
Auch in der Nacht zu finden
Was er mir tagsüber spendet
Meinen stets geliebten Frieden

Heimatgedanken

Ein Sommerabend im Dorf meiner Kindheit
Vor den Augen schwebt mir dann und wann
In der Dorfmitte wir waren versammelt
Wo auch manch Liebelei zart begann

Auf den Bänken sitzend die Alten
Unter den duft blühenden Birken
In den lauen Abenden nachdenklich, gelassen,
den Himmel sie schauten mit fragenden Blicken

Magische Kräfte ziehen mich an
In das Dorf, das mein Kinderreich gewesen
Doch die leuchtenden Spuren von damals
Liegen in der Erde und verwesen

Der Blick meines Hundes
Verfolgt mich noch immer
Wie viele Tränen für ihn flossen
Aus Kummer
Weil meine Mutter erlaubte mir nicht
Ihn zu mir zu nehmen ins Haus

Es war so als ob der Kosmos auf mich stürzte
Mein Ich – ein Bildnis der Traurigkeit
Untröstlich über Mutters hartnäckige Haltung
Zog ich mich zurück in meine Einsamkeit

Im Abgrund versunken senkrechte Ufer
Umsäumten beschützend das kleine Rinnsal
Mit Erntegut beladene Karren
Gezogen von Lasttieren in mühsamer Qual

Durch holprige Wege im Gleichgewicht
Menschen und Tiere gingen langsam dahin
Unter brennender Hitze des Sommers
Schöpfenden Frieden im Sinn

Ich wagte den Schritt in eine andere Welt
Dürstend nach höherem Ziel
Und wanderte wie vom Winde verweht
Und das Leben kam mir vor wie ein Spiel

In der Stille der Zeit unaufhaltsam
Viele Jahre gingen verloren
Doch der Zauber meiner Kindheitserinnerungen
Bleibt immer frisch, als wäre er neu geboren

Sonnwende

Am Einundzwanzigsten im März
Tritt die Sonne ins Widder Tierkreiszeichen
Für 24 Stunden Tag und Nacht sich gleichen
Dann geht es mit dem Frühling aufwärts

Mit jedem Tag die Sonne ein bisschen steigt
Die Luft beginnt sich langsam zu erwärmen
Mein weiches Herz verfällt ins Schwärmen
Und alle Freude übersteigt

Unter milden Sonnenstrahlen
Hin zum Licht ein Käfer kroch
Bodendämpfe steigen hoch
In die Luft bis sie zerfallen

Von den Bergen rauschend stürzen
Mutig in den Traunsee
Schmelzwasser aus stolzer Höhe
Senkrecht um den Weg zu kürzen

Schreiend durch die Frühlings Lüfte
Unterstützt vom leichten Winde
Kuckuck ruft laut seinen Namen
Suchend stets nach seinem Kinde

Zwei Hundebesitzer

Herr Josef ging mit seinem Hund „El Greco",
den er aus Griechenland mitgebracht hatte – er
rettete ihn aus schlechter Haltung – gewissenhaft
spazieren. An sich nichts einzuwenden, eher im
Gegenteil: sehr lobenswert. Der Hund durfte
auch freilaufen, doch das Malheur war – er hatte
das Folgen nicht gelernt.

Frau Gerlinde wohnte im selben Haus wie Herr
Josef. Und auch sie führte jeden Tag gewissenhaft
ihren Schäferhund „Arco" spazieren.
Herr Josef stand sehr bald auf, hoffend, alleine in
dieser Frühstunde unterwegs mit „El Greco" zu
sein. Auch Frau Gerlinde dachte dasselbe und
ging schon um 5:30 Uhr mit „Arco" spazieren.
Auch „Arco" durfte frei laufen. Nur: im Gegen-
satz zu „El Greco" hatte er das Folgen in der
Hundeschule gelernt. Drei Diplome hatte er
schon – alle mit Auszeichnung absolviert. An
einem Sonntag, sehr früh, wie ich schon erwähnt
hatte, trafen sich die zwei Hundebesitzer – zum
Ärgernis der Frau Gerlinde.
Sie sah von Weitem, wie „El Greco" wie ein
Wirbelsturm zu ihrem „Arco" hersauste, trotz
dem lauten Rufen seines Herrchens und er wollte
sich unbedingt, als wäre er lebensmüde, seine

eher mittelmäßigen Kräfte mit den Kräften von „Arco" messen. Der Schäferhund blieb „bei Fuß" – so wie er es in der Schule gelernt hatte. Doch beißen lassen, noch dazu von so einem kleinen Kläffer, das wollte er doch nicht.

Frau Gerlinde versuchte mit lauter Stimme „El Greco" zu verjagen und hoffte, dass sein Besitzer, der gemütlich daher kam, doch in das Geschehen eingreifen würde. „Er tut eh nix!", schrie er Frau Gerlinde entgegen, „spielen will er!" „Sie! Mein Hund spielt nicht! Er ist schon neun Jahre alt, er mag nicht, wenn ein anderer Hund zu ihm kommt, noch dazu so ein Ungezogener, wie der Ihrige!" „Eh klar! Schäferhund eben: bissig, aggressiv, rauflustig – das kennen wir schon!"

„Sie sind doch viel ärger als Ihr Hund! Haben Sie von einer Hundeschule schon gehört? Dort lernen in erster Linie die Hundebesitzer Manieren – und dann die Hunde! So eine Schule empfehle ich Ihnen!"

Vor lauter Hin und Her, Geschreiduelle zwischen den Hundebesitzern, vergaßen sie ihre Hunde, die sich vor lauter Übermut in dem sich daneben befindenden Wald mit Fangspielen vergnügten. Frau Gerlinde merkte als Erste, dass „Arco" nicht mehr „bei Fuß" stand. Mit aufgeregter Stimme fing sie an, den Hund zu rufen: „Arco, hier her zum Frauli! Fuß, Arco!" Dann, dem Herrn Josef böse Blicke zuwerfend: „Sie, Sie unmöglicher

25

Mensch! Ihnen müsste man den Hund wegnehmen! Sie haben keine Ahnung von Hundehaltung!"

„Regen Sie sich nicht zuviel auf, es könnte Ihrer Gesundheit schaden! Schauen Sie in den Wald hinein – schön spielen die zwei, meinen Sie nicht?!?" „Na, bitte: also – mein Hund ist doch nicht so eine Bestie wie Sie meinten. Und verspielt ist er anscheinend auch noch, trotz seines hohen Alters! Er hat „El Greco" seine Freundschaft angeboten, die er gleich annahm und die sie mit einem kurzen Spiel besiegelten." Inzwischen kam „Arco" zu seinem Frauchen – etwas verlegen. „Mein Gott Arco! Hier her! Fuß! Arco: die Blamage, die du mir beschert hast!" Gleichzeitig bekam er Leckerli, obwohl unverdient, aber er nahm es dankbar an und leckte als Dankeschön die Hand seines Fraulis. „El Greco" dagegen legte sich auf den Rücken, aus zweierlei Gründen: Erstens, die totale Unterwerfung gegenüber seinem Herrli und Zweitens – er erwartete gekrault zu werden, wie es schon öfters der Fall war. Frau Gerlinde wandte sich zum Herrn Josef: „Sie! Wie war Ihr Name?" „Josef" „Ah ja, Herr Josef!" „Nennen Sie mich ,Josef', das gefällt mir besser." „ Ja, Josef - übrigens mein Name ist Gerlinde – so viel Aufregung für Nichts und wieder Nichts. Entschuldigen Sie bitte meinen unfreundlichen Ton, Sie verstehen – ich hatte um

Ihren Hund Angst. Arco konnte ja nichts passieren. Er wäre sowieso der Überlegene gewesen." „Entschuldigung angenommen. Eine Frage: Haben Sie morgen Nachmittag Zeit? Ich würde Sie gerne auf einen Kaffee einladen. Jetzt, wo sich unsere Hunde so gut verstehen."

„Warum denn nicht? Gerne!" Sie tauschten die Telefonnummern aus und meinen Recherchen nach wurden die zwei ein glückliches Paar. Ihr Glück haben sie „El Greco" und „Arco" zu verdanken.

Im Glanz des Sommers

Die Erde spiegelt sich
In gelb flammenden Strahlen
Kokett und braun gebrannt
In grün nuanciertem Gewand
Gekleidet – Amselgesänge erhallen

Fröhlich durch die weiche Luft
Bis zum tiefliegenden Tal
Ein bunt gezeichneter Falter fliegt überall
Hingezogen vom blumigen Duft

Er hält von Zeit zu Zeit Rast
Aus Blütenkelchen Nahrung zu holen
Der Wind im Traum verloren
Im schattigen Wald weilt eine Zeit lang als Gast

Am Rande des Weges in Scharen
Unterm Laub der Sträucher die Mücken
Mit poliertem Glanz auf dem Rücken
In ungetrübter Stimmung ausharren

Die gelben Lilien um den Teich
Wiegen graziös ihre Gestalt
Aus dem Schilfe durch einen Spalt
Ein Frosch zeigt sich kurz
Und verschwindet dann gleich

Trauerweiden mit ihrem schlanken Geäst
Wölben sich über dem Teich schattenspendend
Ihre sattgrünen Blätter dem Wasser sich wendend
Nur spärlich zum Teich die Sonne durchlässt

In ihren Zweigen haben die Spinnen
Kostbare Netze gewebt
Wo da und dort eine Mücke draufklebt
Als Nahrung den Spinnen zu dienen

Aus der feuchten Luft eine Wolke sich hebt
Und formt sich zu einer strengen Gestalt
Mit ihrer langen Schulter
Über die Wälder schwebt
Ein grauer Streif am Himmel gemalt

Ein riesiger Garten dehnt sich übers Feld
Im Glanz des Sommers – leuchtende Farben
Prächtige Auen, unschätzbare Gaben
Reichlich wurde beschenkt diese Welt

Königin der Nacht

Spielerisch verstreut im Garten
Bunt gemischter Zauberflor
Aus der reichen Zahl der Blumen
Ihre Pracht hebt sich hervor
Zart, erlesen, seidengleich
Aus Gottes Hand gemacht
Nur im Mondschein strahlt und duftet sie
Die Königin der Nacht

Ihre Farben – Blumenwunder
Wie bemalt von Meisterhand
Wie ein bunter weicher Schleier
Dehnt sich hin zum Gartenrand
Sie liebkosen die Nacht
Lüfte, lieblich, frisch, jungfräulich rein
Bis am Himmel still erlöscht
Auch der letzte Vollmondschein

In dem milden Traum versunken
Über sie der Himmel wacht
In Gewand von Gold und Silber
Sein Gesicht in Frische lacht
Tief erstaunt von der Schönheit
Die er dieser Blume schenkte
Nach seinen geheimen Wünschen
Zielgerichtet auf sie lenkte

Um die Nächte zu beleben
Wenn des Mondes Silberstrahlen
Auf die duftreichen Blumen
Zarte Glanzgebilde malen
Schönste Blume meines Gartens
Märchenhafte Zauberin
Und daneben Wasserquellen
Sinnend leis´ vorüberzieh´n

Hochwasser (Juni 2013)

Überall Wasser und es regnet noch immer
Eine Jahrhundertkatastrophe
Und es wird stündlich schlimmer
Die Erde ertrinkt in den tosenden Wogen
Unmengen entwurzelter Bäume
Werden wild fortgezogen
Häuser und Gärten im Wasser versinken
In Booten die Menschen bekommen Schutz
Vorm Ertrinken
Evakuierung heißt das furchtbare Wort
Irgendwo weit weg an einen sicheren Ort
Um dort abzuwarten, bis der Regen sich legt
Und das zerstörende Wasser
Wieder normal sich bewegt
Die Not macht solidarisch
Hilfsbereitschaft ist groß
Regierung wacht auf
Die sonst ein träger Staatskoloss
Locker verspricht Unterstützung und Geld
Wie schon vorher so oft
Dem Volk Märchen erzählt
Auch an einen Strohhalm
Klammert man sich in der Not
Und plötzlich finden alle wieder zu Gott
Und beten und hoffen
Dass vorbei alles, was schlecht
Die ausgebeutete Erde rächt sich mit Recht

Der Wohlstand soll wachsen
Ein Limit gibt es nicht
Die verschandelte Natur
Verliert das Gleichgewicht
Einen Appell richte ich an Euch
Ihr Mächtigen dieser Welt
Stoppt die Zerstörung, lenkt ein
Bevor nicht alles zu spät

Sommerglück

Benedeite Sonnenstrahlen
Wie ein ruhevoller Segen
Fließend fallen auf die Erde
Sanft durch Felder sich bewegen

Tausendfach die Weizenähren
Glücklich biegen sich in Wellen
Leicht im Goldgewand gekleidet
Mit der Sonne sich vermählen

Tief im Walde, unter Moosen
Plätschert monoton dahin
Silber glänzend Quellenwasser
Talwärts zu der Lichtung hin
An der alt vertrauten Stelle
Wo betagte Buchenbäume
Sie alleine so oft waren Zeugen
Meiner kühnen Träume

Dort find ich den Seelenfrieden
Und Schutz vor der Sommerhitze
Frei im Geiste, leicht im Herzen
Auf dem weichen Boden sitze
Über mir die hohen Wipfel wölben sich
Ein grünes Zelt
Dass es meine Lebenssehnsucht
Unter seinem Siegel hält

Durchs Geäst die milden Winde
Weizendüfte zu mir bringen
Und mein Herz - von Glück berauscht
Möchte aus der Brust rausspringen

Herbstbeginn

Ende August – staubtrockene Erde
Die Luft ist träge und schwerer
Die Sonne löscht ihre glühenden Brände
Des Waldes Auge blitzt heller

Laue Herbstwinde erreichen die Täler
Welch sanfte Landschaft sich zeigt
Auf die abgeernteten Felder
Ein letzter Sommergruß der Erde sich neigt

Selbst in den alten Eichenwäldern
Dringt spielerisch das Licht ein
In Farben des Herbstes und zaubert
Symmetrische Bilder in blendendem Schein

Über die dürstende Heide fällt Regen
Aus dem Weltall – duftend und weich
Mit Nassgut beladene Wolken
Brachten ihn aus seinem Zauberreich

Den Menschen Abkühlung bringend
Dann entschwindet er lautlos
Leer gewordene Wolken entfliehen
Rast suchend im himmlischen Schoß

Rufe der Schwalben – welche Fröhlichkeit
Sie versammeln sich scharenweise
Mit gemessener Ruhe zu planen
Den richtigen Zeitpunkt ihrer Reise

Eine sommerliche Idylle geht zu Ende
Und lässt Vergangenheit hinter sich
Rotnuancende Farben säumen die Baumwipfel
Und mein Herz wird gar wunderlich

Die Eiche

Eine weite Ebene auf der Erde, Getreidefelder in der sommerlichen Sonne, die sich bis zum Horizont dehnten. Dort und da unterbrachen Baumgestalten die gleichmäßige Landschaft. Doch ein Baum, der am Rande des Weges an einer Kreuzung wie ein Denkmal stand, mächtig mit zum Himmel gerichtetem Wipfel, dessen kräftige Arme ihm rundherum Halt gaben, überragte alle anderen. Die hundertjährige alte Eiche, deren Stamm von zwei Männern kaum zu umfassen war, machte ich zu meiner Freundin.

Ihre kräftigen, etwas gewölbten Wurzeln schlängelten sich auf der Erdoberfläche, um den Betrachter von ihrer festen Verankerung zu überzeugen. Die zahlreichen Zweige wuchsen ineinander zu einer dichten Krone, die ab und zu einige verdorrte Äste zu Boden warf, um im Frühling Platz für neues Leben zu schaffen.
Jedes Jahr füllten sich die Zweige mit unzähligen Früchten, die sich wie kleine Körbchen lautlos zitternd hin und her bewegten, bis sie in der Sommerhitze reiften und zu Boden fielen.
Daneben stand ein Marterl, wo fast immer eine Kerze brannte: ein Herrgottsplatzerl. Gleich unter der dichten Krone verweilte ich oft, besonders in den warmen Sommertagen. Während mein Herz

von dem Duft der gereiften Weizenfelder rauschig wurde, der Anblick dieses Geschichten erzählenden Baumes wirkte auf mein Dasein wie ein Heilgetränk. Es war der Platz, wo ich Kraft tanken konnte, die ich für das tägliche Leben so notwendig brauchte.

Doch eines Tages, als ich meine Eiche, die ich für meine Freundin hielt, besuchen wollte, fand ich ein Bild des Schreckens: der Gigant war zu einem zerrupften Zwerg geschrumpft: die dicken und dünnen Äste waren verkohlt, der Stamm auseinander gerissen, die uralte Eiche war vom Blitz tödlich getroffen.

Aus, vorbei!

Ich werde nie mehr unter ihrer Krone träumen können. Viele Vögel, die in den verwundenen Ästen jahrelang ihre Heimat hatten, müssen woanders Schutz suchen von der oft erbarmungslosen Hitze der Sonne in den Sommermonaten. Beim Betrachten dieser Gewaltzerstörung empfand ich Angst und Ehrfurcht von dem Mächtigen da oben: die Traurigkeit schnürte mir den Atem und mein Herz drohte zu zerbrechen.

Ein paar verkümmerte Äste mit ihren zackigen Blättern warfen auf dem benachbarten Marterl, das unversehrt blieb, einen schmalen, zitternden Schatten. Ein Hauch von Leben aus dem zerfetzten, verbrannten Eichenskelett. Die Blättchen neigten sich zur Mutter Erde, dann wandten sie ihr Gesicht nach oben, sie wiegten sanft hin und her in der leichten Brise, die durch die Luft zog. Die Sonne fiel senkrecht auf die Erde – ich fand keinen Schatten mehr. Ein Schreck durchlief meinen Körper, mir wurde klar, dass ich eine Freundin verloren hatte – unwiderruflich!

In diesem Augenblick beschloss ich, etwas weiter weg von dem verkohlten Stamm eine neue, junge Eiche einzupflanzen. Dieser Gedanke riss mich aus meiner Traurigkeit und am nächsten Tag holte ich aus einem Riesenwald ein junges, zartes Eichenbäumchen. Ich schuf ihm ein geräumiges Beet in der humusreichen Erde, setzte es hinein, bewässerte es mit dem Wasser aus einem fünf Liter Kanister, den ich von zuhause mitnahm. Seine dünnen Blätter raschelten fein – ich wusste, es würde leben!

Einige Jahre lang wuchs meine kleine Eiche zu einem schönen Bäumchen heran. Selbst wenn ich es nicht mehr erleben werde, sie als herrliche, übergroße Eiche zu sehen – es wird sich vielleicht jemand anderer finden, der das Raunen ihrer Blätter deuten kann, ihre wortlose Sprache verstehen, ihr pulsierendes Leben spüren kann. Irgendwann, im Laufe der hundert Jahre wird sie genauso mächtig werden, wie ihre daneben zur Erde gewordene Schwester. Möge das heilige Marterl ihr göttlichen Schutz gewähren!

Gartenidylle

Im Vorbei berührt mich zärtlich
Eine leichte Sommerbrise
Während ich in Träumen schwelge
Liegend in der kühlen Wiese

In der sommerlichen Hitze
Eine Schwalbe flügelschlagend
Bringt Bewegung in die Lüfte
Wie es scheint von Früh bis Abend

In der Jasminhecke weben
Spinnen Netze seidengleich,
Ich betrachte diese Schönheit
Und mein armes Herz wird reich

Die Pfingstrose

In jedem Eck meines grünen Gartens
Blüht ein Pfingstrosenstrauch
In Violett und Altrosafarben
Doch ungewöhnliche Kälte im Mai hinterließ
Auf einigen Knospen Blessuren und Narben
Der Duft allerdings blieb ihnen erhalten
Durch die offene Türe
Der Wind bläst hinein die wohlriechende Luft
Berührt mein Gesicht
Als hätt er nach mir gesucht
Dezent murmelnd eine Frühlingsouvertüre
Ich erkläre mich einverstanden damit
Meine Sinne leicht berauscht
Baden in Träumen
Wie in Trance höre ich
Das Rascheln von Bäumen.
Und die Seele wiegt sich in dem wärmenden Licht
Wie gern würde ich eine neue Richtung
Dem Leben geben
Vergessen die Zeiten aus vielen Jahren
Würde ich - die oft genug bedrohlich waren
Doch in dem göttlichen Plan
Ist diese Klausel nicht vorgesehen

Ich entschied mich bewusst
Die Augen zu schließen
Im Hier und Jetzt den Tag zu erleben
Zu verwalten hab ich nur ein Leben
Auf diesem Planeten
Und ich möchte es genießen

Kindheitserinnerung

Wolken der Erinnerung
Durchstreifen meinen Geist
Es scheint so, als hätte ich die verlorene Kindheit
Wiedergefunden
In der Stille des Abends
Vor den Augen, sie kreist
Als wollte sie sich nach meinem jetzigen Leben
Erkunden

Aus meiner alten Heimat die Rufe der Schwalben
Ich höre noch immer ihren fröhlichen Klang
Treue Besucher waren sie alle Jahre
Und haben jedes Mal den Frühling mitgebracht
Und den milden Sonnenaufgang

Wohlgeruch stieg in die Höhe
Blumen und Lichtfülle
Umrahmten die Erde
Der Blick der Eichenwälder auf ihr ruhte
Und die lauen Winde zogen in die Mittagsstille
Zitternd durch die Felder
Und bewegten die Lüfte

Weltfern war ich
Verborgen unter Weizen- und Maisfeldern
Marillen- und Nussbäumen
Petunien und einer Rosenallee

Die in sommerlicher Wärme
Ihre Blüten und Blätter
Zur Schau stellten
Und ich suchte nach vierblättrigem Klee

Als Symbol des unsterblichen Glücks
Wie ich glaubte
Auf dem einsamen Hügel
Umsummt von fleißigen Bienen
Rundherum – mal lauter, mal leise –
Wildgetierlaute
Ein schönes Stück Land
Ich - in demutsvollem Sinnen

In Gedanken versunken
Stand vor dem alten Bauernhaus
Das Haus meiner Eltern
Wo ich auf die Welt gekommen bin
Und betrachtete die Rauchschwaden
Die den Himmel
Mit Bildern verzierten
Ohne mich zu fragen
Was hat die Zukunft mit meinem Leben im Sinn?

Heute stehe ich vor meinem eigenen Haus
Mit fragendem Blick
Ungezählte Rückwärtsgedanken
Durchwühlen den Geist

Um dem Alter zu entkommen
Denke ich gerne zurück
An die kleinen Kindheitsgeheimnisse
Von denen sonst niemand weiß

In voller Frucht

In voller Frucht die Felder stehen
Uns reiche Ernte erhoffen lässt
Die Bauern können es kaum erwarten
Das gottgesegnete Erntefest

Träumerisch die Weizenfelder
Gold beglänzt von Sonnenstrahlen
Wiegen sanft ihre Gewänder
Sich berührend leis erschallen

Der Wald ist voll Holunderblüten
Sie heben ihren weißen Schaum
Mit den windbewegten Lüften
Hoch zu himmelweitem Raum

Süß und blumig in der Stille
Zittert soviel Sommerluft
Leicht verschlafen eine Grille
Seufzt versteckt in einer Kluft

Irgendwo am Waldesrande
Flugesmüde setzt sich nieder
Eine Lerche und sie trillert
Einstudierte neue Lieder

Resi und Peter

„Schau mich an, Peter! Meine Hose passt nicht mehr, das T-Shirt liegt an meinen Schwimmreifen viel zu eng an! Ich kann mich nicht mehr im Spiegel anschauen: und die Haare, mein Gott welch schöne Haare hab ich gehabt! Eine dichte Pracht von Naturwellen, goi Peter?!?"
Neben ihr sitzend – Peter (er hat in den letzten Jahren oft genug die Beschwerden seiner Frau über ihren älter gewordenen Körper anhören müssen). „Jajaja", antwortete er mit einem verschmitzen Lächeln.
„Ich esse viel weniger und Bewegung habe ich auch genug! Stundenlang gehe ich mit Nero spazieren, schwimmen tu ich auch, goi Peter?!? Aber es nützt alles nichts. Ich bin zu dick und wenn ich denke, wie schlank ich einmal war, Kleidergröße 36/38 hab ich getragen. Meine schmale Taille konntest Du mit Deinen Händen umfassen, goi Peter?!?"
Noch immer geduldig, neben ihr sitzend, ohne viel zu sagen – vielmehr ohne nichts zu sagen, wie denn auch? Sie führte das Gespräch ohne Unterbrechung. Mit seinem spitzbübischen Lächeln auf den Lippen traute er sich doch zwei Worte zu sagen: „Ja Frauli".

Ein harmonisches Ehepaar, das auch nach fünfunddreißig Jahren Zusammenleben den Eindruck machte, glücklich zu sein. Man musste unwillkürlich lächeln, wenn man der sympathischen Resi, die ständig bemüht war über sich selbst unzufrieden zu sein, immer nach idealer Figur strebend, zuhört. Resi – an sich eine gepflegte Frau, modisch gekleidet, in einem reiferen Alter, jedoch immer noch nett anzuschauen, hat die liebe Gewohnheit, sehr oft zum Arzt zu gehen. Zugegeben, sie überstand bereits mehrere Operationen, doch mit ihrer Kraft (ihr Tierkreiszeichen ist Stier), ist es leichter zu verstehen. Zuletzt, bei einem Hausarztbesuch, nachdem sie ihm ihre „Wehwehchen" schilderte, beschloss der Mediziner, ihr eine Spritze zu verabreichen. Sie klagte über Schmerzen in der Gallengegend, doch nach der Untersuchung stellte der Arzt fest, dass es der Magen war, der ihr zu schaffen machte. „So", sagte er, „eine Spritze ins Gesäß und alles wird gut." „In meinen Hintern dürfen sie mir keine Spritze geben, wegen den Blutverdünnungstabletten, die ich nehmen muss. Und in den Arm will ich nicht." „Gut, dann bekommen Sie eine Infusion, das geht durch die Venen, Sie wissen schon." „Ja, das lasse ich mir einreden, aber: wenn die Flasche leer ist, sollen Sie mich davon sofort befreien. Ich kann nicht solange auf dem Rücken liegen, goi Peter?!?"

„In diesem Fall bleibt Ihr Mann bei Ihnen und wenn die Flasche leer wird – ich zeige ihm, wie er tun soll – zieht er die Nadel heraus und Sie müssen nicht mehr warten." „Nein, das mache ich nicht mit! Mein Mann versteht viel vom Fußball, das schon…aber eine Krankenpflegertätigkeit, wenn auch noch so klein, nein, das trau ich ihm nicht zu – lieber warte ich bis Sie zwischendurch ein paar Sekunden Zeit haben." Geduldig sagte ihr der Doktor weiter: „Die Hausarbeit sollten Sie einige Tage vermeiden, denn auch das Herz, das einiges mitgemacht hat, des Öfteren Ruhe braucht." „Herr Doktor, Sie haben leicht reden. Kurz nach meiner Herzoperation, also nach dem Spitalaufenthalt und nach drei weiteren Rehawochen, kam ich nach Hause. Um mich wohl zu fühlen, bat ich meinen Mann, den Boden zu saugen: was glauben Sie, was er antwortete? „Morgen, Frauli!" Und am nächsten Tag sagte er dasselbe: „Morgen, Frauli!" Ich weiß nicht mehr, wie oft er dieses „Morgen, Frauli" sagte. Ausgeschaut hat es in der Wohnung!!!!!!!! Gott sei Dank war ich nach weiteren zwei Wochen wieder in der Lage, meine Hausarbeit selbst in die Hand zu nehmen. Wissen Sie, Herr Doktor – mein Mann ist im Haushalt entbehrlich, doch mit dem Wohnmobil hat er mich sicher und gerne in der halben Welt herum gefahren. Und so gleicht sich alles wieder aus, goi Peter?!?"

Die Sehnsucht des Dichters

Immer auf der Suche der Dichter
Nach Worten, die aus seiner Hand
Zu allererst geschrieben
Doch stets sie waren die gleichen
Neu war nur das Gewand

Geheimnis des Lebens

Unser Dasein ist eine Stafette
Eine Fackel, die sich Leben nennt
Von Mutter zu Kind übertragen
Sich von Neuem entzündet
Und fortdauernd brennt

Um das Geheimnis des Schöpfers
Dieser Erde – samt ihrer unermesslichen Vielfalt
Kursiert eine große Zahl von Gesetzen
Und Theorien, die besagen
Das irdische Leben ist alt

Millionen von Jahren zurück
Winzige Mikroorganismen stets auf Wanderschaft
Durch die Zeiten entwickelten sie sich weiter
Und das bisherige Endresultat = der Mensch
So lehrt es uns die Naturwissenschaft

Ich stelle mir jedoch die Frage:
Was war noch davor?
Und davor, vor dem Davor?
Von wo stammt diese Kraft?
Wer hat schlussendlich doch recht?
Die Bibel oder die Naturwissenschaft?

Die Antwort auf diese Fragen
Bleibt uns ein Geheimnis
Wir vermuten und forschen in Einem fort
Darüber werden weiterhin Bücher geschrieben
Doch das letzte Wort in dieser Hinsicht hat Gott

Ich bin zu müde

Ich bin zu müde, um zu lieben
Es ist nicht übertrieben
Wenn ich sag, ich will meine Ruh
Mann, neben mir, höre gut zu
Alleine will ich träumen, die Welt
Die ich mir schon als Kind vorgestellt
Rein, makellos, durchflutet von Licht
Eine Illusion, die vieles verspricht
Und sie hält sich daran, an das himmlische Gut
Solange mein Geist im Traume ruht
Versteckt in meinem inneren Wesen
Sehe ich Dich mitleidig fast
Ein vorbeigehender Gast
Als wär zwischen uns nie was gewesen
Du gibst mir nicht die Liebe, die ich will
Alles war Täuschung der Sinne
In Unabhängigkeit ich beginne
Einen neuen Lebensabschnitt, steril
Ohne Leidenschaft, begierdelos
In Demut ergebe ich mich dem Leben
Was soll ich noch großartig erleben?!
Träumend will ich rasten
In Gleichgültigkeits Schoß
Die Liebe ist tot, noch bist Du bei mir
An meiner Kälte erfriere ich selbst
Dass Du in meiner Nähe noch lebst
Was für eine Kraft hält Dich noch hier?

Mein Leben

Im Großen und Ganzen ich liebe das Leben
Mein Leben – doch sobald die gute Laune sinkt
Aus einem Winkel des Geistes mir winkt
Tückisch der Tod, von seiner unterirdischen
Kraft umgeben

Ich sehe ihn mit geschlossenen Augen
Im Dunkel – das Licht ist nicht sein Element
Da er alles Helle nicht kennt
Erfüllt es ihn mit tiefgründigem Bangen

Ich öffne die Augen und alles ist Licht
Ich lebe – der Tod ist verschwunden
Er wollte sich offensichtlich erkunden
Ob ich ihn fürchte
Doch gefragt hat er mich danach nicht

Warum findet das Leben ein Ende?
Warum ist vorbei wenn gelebt?
Warum wird die Seele dem Tode vererbt?
Macht Gott mit uns Experimente?

Lange lasse ich mich nicht mehr ein
Auf solche irren Gedanken
Die mir schwer sitzen im Nacken
Und verderben mir die Lust am Dasein

Selbsttäuschung

Ich muss auch heute ein paar Worte schreiben
Ein Gedicht
Sonst kommt mein Geist nicht zur Ruh
Doch die Sprache ergibt sich nicht immer leicht
Schuld daran – verzeih mir – bist nur Du

Der Sommer wiegt sich in seiner eigenen Wärme
Ein Bilderbuchtag – in mir brennt das Verlangen
Alleine zu sein – an ältere Gefühle anzuknüpfen
Den Tag freier zu erleben – warum traue ich
Mich nicht zu sagen:
Du engst mein Leben ein

Laut aus meinem Inneren heraus
Diese Frage immer wieder
Von Neuem entsteht
Da an manchen Tagen
Meine Stimmung doch milder
Und mein Herz gütiger scheint zu sein

Meiner Täuschung Selbstopfer
Dem Träumen verfallen
Rede mir ein
Dem Schicksal ist schwer zu entkommen
Was immer geschieht hat scheinbar einen Sinn
Dann geh ich schlafen, getröstet von eigenem
Gelallen

Sinnesverwirrung

Es ist gar nicht lange her
Als der Blitz mich traf mitten ins Herz
Aus heiterem Himmel raste er zu mir her
Es war Frühlingsanfang, im März

Unfähig war ich mich dagegen zu wehren
Der Kupido Pfeil legte lahm meinen Verstand
Ohne Gewöhnungszeit mir zu gewähren
Hatte dieser Mann mich fest in der Hand

Ins brennende Feuer bin ich gerannt
Von wüsten Gefühlen getrieben
Ich hab die Gefahr nicht erkannt
Sinnesverwirrt glaubte ich ihn zu lieben

Nun vergeblich versuche ich zu klagen
Die Vernunft, auf die ich nie Wert gelegt
Sie wird mir unaufgeregt sagen
Es war Bestimmung, die mir in die Wiege gelegt

Wie auch immer – es tut nicht mehr weh
Die wenigen Narben in der Fülle der Zeit
Fallen lautlos von mir ab in den See
Der dahin fließt in die Ewigkeit

Die Illusion wahre Liebe zu finden
Hat sich verflüchtigt, leis, unbemerkt
Mein Ich hat wiedergewonnen den Frieden
Auch die schrankenlose Sehnsucht hat sich gelegt

Ein ruhevolles Segnen behütet mein Herz
Von damals die Erinnerung
Lebt weit weg von mir
Gelegentlich im Traum
Ein Hauch von Schmerz
Erinnert mich von seiner grausamen Gier

Stille

In der Stille der schlafenden Nacht
Ich fühle mich göttlich bewacht
Bleib weit weg von mir, berühre sie nicht
Von Dir nur ein Wort und die Stille zerbricht
Und mit Dir meine Ruhe, ein teures Gut
Die verloren gegangen aus fehlendem Mut
Dir zu sagen – die Zeit ist vorbei
In der ich glaubte
Die Welt bestünde nur aus uns Zwei
Die Worte erreichen uns kaum
Da sie nicht mehr aus dem Herzen entspringen
Auf Kurz oder Lang
Verdrängt wird der einstige Traum
Der späteren Liebe
Du tust mir nur leid
Doch unser Schicksal in der kosmischen Zeit
So wie Millionen von uns
Verliert sich im Rauch der Unendlichkeit

Ich habe es geahnt

Ich habe es fast geahnt
Ich habe es kommen sehen
Dass eines Tages
Von mir musst Du gehen
Entzaubert – ein Mann
Wie jeder Mann auf der Welt
Der Mann, von dem ich glaubte
Er sei mein Märchenheld
Du warst und bist immer noch
Gegenstand meiner Muse
Zuerst als Verliebte
Nun sind es Abschiedsgrüße
Der Frühling ist fad
Ohne Liebe ist es grau im Garten
Mein inneres Weh wirft
Um mich dunkle Schatten
Ich will niemand sehen
Mit niemandem sprechen
Drängend die Tränen der Ohnmacht
Nach außen brechen
Dich nicht mehr zu lieben
Ist verbunden mit Schmerz
Doch Dir das zu sagen
Zerreißt mir das Herz
Alleine sein – mein Bestreben
Ob schlecht oder gut

Allein sein im Zimmer
Wenn die Finsternis ruht
Du musst mich verstehen
Doch Du verstehst mich nicht
Mit Dir zu leben, ohne Dich zu lieben
Mein Leben zerbricht

Lebenssinn

Ich will aus meiner Haut ausbrechen
Um mich in einen neuen Kokon einzuhüllen
Mit dem jetzigen Dasein abrechnen
Und alles, was bis jetzt war, zurückspulen

Die Möglichkeiten meine Wünsche zu erfüllen
Sind begrenzt – in Frage kommt nur das Sterben
Sollte ich der Vermutung Glauben schenken
Die besagt, nach dem Tod wird man
Wiedererweckt zum Leben

Dieser Gedanke findet Gefallen bei mir
Oh Du höhere Macht – was hast Du mit uns vor
Nach dem Tod?
Gib mir ein Zeichen, zeig mir eine Spur
Am Himmel erflimmernd, gütiger Gott

Um meinen Lebenssinn besser zu begreifen
Lass meinen Geist umfassender denken
Denn einem denkenden Geist wachsen Flügel
Würdest Du, Herr, diesen Reichtum mir
schenken?

Franzis Erziehung

Franzi stieg mit einem flotten Sprung aus dem Schulbus heraus, am Rücken seinen Schulrucksack hängend, in der Hand sein so geliebtes I-Phone, das ihn dermaßen beschäftigte, sodass er für die hundert Meter bis nach Hause zwanzig Minuten benötigte.

Seine Mutter, etwas besorgt, wartete in der Küche auf ihn. Sie hielt die Kochplatte warm, auf der ein Kochtopf gefüllt mit Hühnerfleisch und Gemüse stand: zwei Suppenteller, zwei Löffel, eine kleine Vase mit ein paar Gartenblümchen daneben, darunter eine rosa Tischdecke, vermittelten einen einladenden Eindruck. Mutter Luise und ihr Sohn Franzi speisten fünfmal in der Woche zur Mittagszeit gemeinsam.

Vater Klaus arbeitete in Linz, fünfzig Kilometer von seinem Heimatort Gmunden entfernt und kam jeden Tag am Spätabend nach Hause – Pendlerschicksal. Dafür verdiente er in einer Großfirma besser als zuvor. Franzi, wie in Trance, öffnete die Küchentüre und mit einer Linksdrehung und Schwung warf er seinen schweren Rucksack in ein Eck des Zimmers, jedoch ohne sein I-Phone aus den Augen zu verlieren . Mit einem „Hallo" begrüßte er knapp seine Mutter und bewegte seine Finger roboterartig auf der glatten Oberfläche des Telefons hin und her, ohne ein weiteres Wort mit ihr zu reden.

„Wie war es heute in der Schule?" „Fad" „Warum fad, habt ihr heute keinen Unterricht gehabt?" „Ja schon, aber die Englischlehrerin ist so doof!" „Warum ist sie doof?" „So, weil sie doof ist! Wir haben eine neue Englischlehrerin bekommen und sie ist so was von doof!" „Wenn sie doof wäre, könnte sie keine Lehrerin sein." „Doch, sie IST doof! Die andere war ganz anders." „Wie anders?" „ Anders halt – viel besser!"
Die Finger seiner linken Hand tasteten noch immer die diversen Programme des I-Phones ab und mit der rechten Hand, ohne hinzuschauen, versuchte er mit dem Löffel etwas Suppe zu bekommen und - mit wenig Glück - den Mund zu erreichen. Er konnte schließlich nicht gleichzeitig in beide Richtungen schauen.
Mutter Luise: „Kannst Du nicht für zehn Minuten das depperte Ding weglassen?" Keine Reaktion. Die Worte seiner Mutter erreichten ihn nicht.
„Franzi, das Ding macht mich nervös! Jetzt wird gegessen. Du legst Dein Spielzeug weg und dann hast Du Dich zu benehmen, haben wir uns verstanden?!?" Ohne ein Wort zu sagen nahm Franzi seinen Teller samt Löffel und I-Phone und ging in sein Zimmer in den ersten Stock. Doch

vorher sagte noch seine Mutter: „Das Telefon gibst Du her und zwar: dalli–dalli. So – eine Woche lang wird nicht fern geschaut und nicht mit dem I-Phone gespielt. Und nun werden die Schulaufgaben gemacht, andernfalls wird auch das Taschengeld gestrichen."

Franzi schien die Lage ernst zu nehmen, infolgedessen aß er in seinem Zimmer die Suppe etwas normaler und anschließend fing er an, die Schulhefte auf dem Bett auszubreiten, um entscheiden zu können, wo er mit dem Lernen zuerst beginnen sollte.

Am nächsten Morgen, anstatt das Gebrüll seines Weckers aus dem I-Phone zu hören, weckte ihn die sanfte, doch bestimmte Stimme seiner Mutter auf. „Huschhusch, heraus aus den Federn! Es ist 6:30 Uhr und um Viertel nach Sieben kommt der Schulbus." Muffig, schlecht gelaunt ging er ins Bad: Gesicht waschen ging ganz schnell, Zähne putzen fand er nicht unbedingt notwendig, der Frisur allerdings widmete er gut fünf Minuten – eine gelartige Paste schmierte er auf seine relativ kurz geschnittenen Haare, zog Strähne für Strähne hoch – um es besser zu verstehen: stellen Sie sich die Stachel eines Igels vor – und fertig war das Kunstwerk.

Auf dem Küchentisch wartete sein Frühstück: zwei Marmeladenbrote und Früchtetee. „Hast Du gut geschlafen, mein Schatz?" „Haha" „Du bist schon in aller Früh sehr freundlich!", meinte seine Mutter. Nach dem Frühstück, das er im Stehen aß, nahm er schwungartig seinen Rucksack, warf ihn auf die Schultern und - mit einem fast unhörbaren „Pfiad di" - ging er den kurzen Weg zum Schulbus, wo andere Kinder bereits warteten – jeder mit einem I-Phone in der Hand. „Hi! Schaut her!" (unisono schrien dabei die drei Buben) „das Baby darf kein I-Phone mehr haben!" „Ihr seid so was von blöd!" Und in demselben Augenblick kam der Schulbus.

Franzi setzte sich ganz hinten nieder und hoffte, in Ruhe gelassen zu werden.

„Seid einmal still – das Baby braucht Ruhe!" stänkerte Andreas weiter. Franzi konnte und wollte sich nicht mehr alles gefallen lassen. In Sekundenschnelle fing er in dem Bus eine saubere Rangelei an. Der Fahrer hielt an: „Ruhe!", schrie er. „Franzi, Du setzt Dich ganz vorne hin – zu mir! Thomas, Du setzt Dich neben Johanna, in die Mitte, und Du Andreas – Du setzt Dich ganz hinten hin, alles klar?"

Nach dem Unterricht beschloss Franzi zu Fuß zu seiner Großmutter nach Gmunden zu gehen. Sie würde seine missliche Lage verstehen und ihm zu einem neuen I-Phone verhelfen.

„Bua, was ist mit Dir los? Warst Du heute nicht in der Schule? Weiß Mama, wo Du bist?" „Oma, ich habe kein I-Phone mehr! Es ist schrecklich! Ich kann niemanden mehr anrufen!" „Was hast Du nicht mehr??" „I-Phone, Oma!" „Was ist das schon wieder?" „Oma, kannst Du mir zweihundert Euro geben – soviel kostet ein I-Phone und dann erklär ich Dir, was das ist."

„Brauchst Du das wirklich?"

„Ja, Oma – ohne I-Phone geht nichts mehr!"

„Gut, du kriegst die zweihundert Euro als vorzeitiges Geburtstagsgeschenk."

„Danke, Omi! Sag aber der Mama nix – sie ist so was von böse zu mir!"

„Kauf Dein – wie heißt das Ding? Ja, DAS meine ich. Aber du musst mir nicht unbedingt erklären was das ist. Weißt Du Bua, ich habe ein Seniorenhandy, das ist etwas Modernes, ich brauche keine Brille mehr zum Telefonieren."

„Cool, Oma! Du bist der Hammer! Du verstehst mich!"

Die Frauenrunde

Heut wie dazumal bei einem Gläßchen Wein
In einer Frauenrunde soll man sein
Um zu erfahren, was die Welt bewegt
Nachdem man schon getrunken ein Glas Sekt
Sie sind gut informiert und gern bereit
Ihr Wissen zu verbreiten, jederzeit
Da meint die Frau (ihren Namen nenne ich nicht)
„Stellt`s Euch vor, was alles so passiert
Mein Nachbar – sonst bedacht auf hohe Ehre –
Hat mit der Kellnerin eine Affäre
Und das seit langem, in seinem Weinlokal
Nicht zu begreifen – ein Skandal
Die arme Ehefrau, sie weiß es nicht,
Dass er – der Schuft – fortdauernd sie betrügt"
Daraufhin sagt die Sissi „Bitte sehr,
Solche Fälle gibts wie Sand am Meer
Mit der Moral: Heut ist es aus
Im sogenannten Guten Haus"
Dazwischen funkt die Herta
„Ich könnte schwören
(sie kann sogar das Gras beim Wachsen hören)
Dass auch der Herr Direktor
Von höherer Gesellschaft
Hat mit der Sekretärin eine geheime Liebschaft"
Die Neugier steigt rapide
Die Spannung - immer größer
Denn sie weiß nicht nur alles

Sie weiß alles besser
Sie lässt uns wissen – für ihren Herrn Gemahl
Nur sie alleine ist die allererste Wahl
Seine Treue kann sie leicht belegen
Dafür würde sie die Hand ins Feuer legen
Dieses Mal gewiss nicht ohne Spott
Sogar die Vroni meldet sich zu Wort
Zur Vorsicht und bedacht die Gute mahnt
„Sei auf der Hut, Du Herta,
Verbrenn Dir nicht die Hand"
Entrüstet Herta über die Vroni-Frechheit
„Hast Du mit Löffeln gegessen die Gescheitheit?
Kehr den Dreck zuerst vor Deinem Haus
Bei Dir hälts nicht einmal Dein Fritzi aus
Du bist ja nie daheim
Was die viele Rede hin und her
Du schläfst im 1. Stock, er im Parterre
Und überhaupt geht herum die Rede
Dass Du ihn hättest gern unter der Erde"
Das war der Herta zu viel des Guten
„Was Vernünftiges kann ich Dir nicht zumuten
Dein Geschwätz kann ich nicht hören länger
Du übertriffst sogar die Gerti Sänger"
Und so kommt fast jede in der Runde
Zu plaudern zumindest eine Stunde
Man redet alles, was das Zeug nur hält
Über den lieben Gott und diese Welt
Doch das liebste Thema ihnen schien
Die Leute durch den Kakao zu ziehen

Und als Moralapostel aufzutreten
Als eigene Meinung nur hätte zu gelten
Aber Hand aufs Herz, wer hat schon nicht einmal
Nicht ganz so ernst genommen die Moral
Und so gesehen, es ist doch kein Desaster
Allzu menschlich ist ein kleines Laster

Für Julietta

Durch die frisch ergrünten Bäume
Ziehen frühlingshafte Lüfte
Von den Hängen nieder sprühend
Ihre zart gewürzten Düfte
Eifrig in der Sonnenstrahlen
Abertausend von Bienen
Sausen über die Blumen
Um die Nahrung zu verdienen

Schmetterlinge voller Würde
Seidenkissen auf den Rücken
Beobachten recht erstaunt
Scharen jämmerlicher Mücken
Viel Halai in den Gesträuchen
Singend aus voller Brust
Eine Amsel in Hochzeitstimmung
Hupft und balzt in tiefer Lust

Auf ihrem Lauf, die Traun
Von der Strömung fortgezogen
Durch das filzige Geränke fließen
Zitternd ihre Wogen
Durch den Wald ein Raunen geht
Von Geästen sanft getragen
Ihre zart ergrünten Blätter
Frische auf den Wangen tragen

Klar und blau der Frühlingshimmel
Doppelt gleich seinen Glanz
Würde doch die Sonne sterben
Schwarz und traurig wär er ganz
Feierlich ihre Gewänder trägt
Zur Schau in stolzer Würde
Die Natur, die überstand kühn
Die winterliche Hürde

Gleich eines Bildaltares
Blütepracht wie im Gemälde
Fast verführerisch der Frühling
Mit Geschick schmückt unsere Erde
In der schönsten Zeit des Jahres
Bist Du auf die Welt gekommen
Julietta, sag es ehrlich
Ist das nicht ein gutes Omen?!!

Herzlichen Glückwunsch zum Geburtstag!

Deine Nachbarin, Petruta   21.03. 2013

Für Monica

Ein Hauch des Frühlings erwärmt die kalte Luft
Die ersten Blumen versprühen ihren Duft
Aus der Winterstarre die Natur
Mit kleinen Schritten belebt sie Wald und Flur

Zögernd noch die gold´nen Sonnenstrahlen
Durch die Wolkendecke, Zauberbilder malen
Die Waldesquelle rinnt, vom Eis befreit
Beglückt und glitzernd
Sie grüßt die Frühlingszeit

Neuerwachen überflutet unsre Welt
Das Erblicken dieser Erde
Sehnsuchtsvoll hast Du gewählt
Die Lenze Deines Lebens zähl ich nicht
Alleine zählt für mich, dass es Dich gibt

Herzlichen Glückwunsch! Deine Petruta

Ohlsdorf, im März 2013

Roswitha

Für Deine Freundschaft
Für Deine Hilfsbereitschaft
Für Deine Pünktlichkeit
Für Deine Hochherzigkeit
Und für Vieles mehr
Ich danke Dir sehr

Du bist für mein Leben ein Gewinn
Und hattest nur Eines im Sinn
Ohne zu zögern Du machtest mir Mut
„Schreib weiter, die Muse meint es mit Dir gut"
Es ist so, als mir der Himmel Dich sandte
Du standest mir stets Lob spendend zur Seite
Für die unzähligen fruchtbaren Stunden
Bleibe ich Dir in Freundschaft verbunden

Dass Du auch Tierschützerin bist
Möcht ich präzisieren
Rund um Dich weilt ein Rudel von Tieren
Das Tierheim Altmünster
Musterhaft wird geführt
Deine Pflichten
Verantwortungsvoll werden erfüllt
Auch diese Verdienste möchte ich hervorheben
Das gütige Wesen haben Dir die Götter gegeben
Das Mitleidsgefühl haben sie Dir ins Herz geritzt
Veredelt der Mensch, der dieses besitzt

Jennifer

Ich kenn ein liebes Mädchen
Sie spielt und springt umher
Und lieb ist sie und freundlich
Ihr Name ist Jennifer
Ich nenne sie kurz Jenny
Die kleine süße Maus
Sie wohnt mit ihren Eltern
Unweit von meinem Haus
Unlängst ließ sie mich wissen
Sie wird bald Schülerin
Nur noch ein paar Mal Schlafen
Dann kommt der Schulbeginn
Von Freude überwältigt
Ihr Haar in goldenem Glanz
Auf der grünen Wiese
Sie hupfte wie ein Spatz
Wie eine Ballerina
Sie tanzt – ich würde sagen
Ich finde es ganz prima
Den edlen Tanz zu wagen
Zum Schulbeginn Dir Liebes
Ich wünsch Dir alles Schöne
Von Früh bis Abend soll sein
Ein Tag im Glanz der Sonne

Kindergartenabschied

Wir sind groß geworden, liebe Tanten
Stellt Euch mal vor – das erste Schuljahr
Beginnt im Herbst und Eure Kinderschar
Umworben wird von neuen Lebenspfaden

Ihr habt uns Trost gespendet, als wir weinten
Und schöne Märchen habt Ihr vorgelesen
Der Tag ist sorgenlos gewesen
Diese Erinnerungen stets werden uns begleiten

Gemeinsam haben wir gesungen
Und Zeichnen habt Ihr uns gelehrt
Unsere bunte Kinderwelt
Die so leicht ist uns gelungen

Die Abschiedszeit hat uns nicht übersehen
Mutig wagen wir den nächsten Schritt
Das Leben ruft – wir gehen alle mit
Und Euch sagen wir „Auf Wiedersehen"

Leicht war es nicht, uns zu umsorgen
Wenn auch schön – habt Ihr gesagt
Manch kühnes Ding habt Ihr gewagt
Und uns geführt vom Heut ins Morgen

Danke Tante Denise, Tante Margit
Die Kindergartenzeit ist aus
Von Euch und unserem Elternhaus
Nehmen wir fürs Leben soviel mit

Auch unsere Eltern den Wunsch haben
In aller Aufrichtigkeit
Für diese unbeschwerte Zeit
Euch ein „Dankeschön" zu sagen

Wenn auch am Tag nur stundenweise
Sie hatten etwas Ruh im Hause

Maturaball

November – die Nacht zeigte sich trübe
Menschen eilten zu dem festlichen Saal
In prachtvollen Roben gekleidete Damen
Von Partnern begleitet sie gingen zum Ball

Durch weiße Fenster die Lichter von innen
Durchdrängten erstrahlend
Die Schwärze der Nacht
Wie flammende Fäden
Zum See sich dehnten
Und nächtlicher Frieden entführte ihn sacht

In Gruppen sie standen – vergnügt – Maturanten
Mit leuchtenden Augen sie schwelgten im Glück
Darunter ein Mädchen in blauem Kleide
Mit geflochtenem Haare
Ein kunstvoller Schmuck

Mit sicherem Gang durch die Menge
Sich ihrer schönen Erscheinung bewusst
Ich war als Gast von ihr eingeladen
Und mein Herz war erfüllt mit Freude und Lust

Ein Abend mit Klasse – schön wars, Gabriele
Von Allen Du standest an höherer Stelle
Die Schulzeiten, Liebes, bleiben Dein Traumland
Verpackt schön mit Liebe durch die eigene Hand
Sie werden Dir folgen, treu, oft wunderlich
Umso älter Du wirst,
Umso sanfter wärmen sie Dich

Die Schönheit der Schöpfung

Unser Herrgott ist wohl ein besonderer Künstler: einfallsreich und unübertroffen in der Vielfalt und Schönheit, mit der er die Erde beschmückte. Die anmutsreiche Landschaft, in der ich das Glück habe zu leben, erfüllt mich jeden Tag mit Freude, aber auch mit tiefer Demut gegenüber den Geheimnissen, die sich hinter diesen Wundern verbergen.

Ich komme mir so unbeholfen vor, auf der Suche nach den passenden Worten, um diese Farben und Formen der Natur zu beschreiben. Ein Maler könnte mit seinen feinen Pinseln diese Schönheit besser zum Ausdruck bringen, doch ich fürchte, dass dieses gekonnte Handwerk der Malerei heute verloren gegangen ist. Die gepflegten Park-landschaften in den Städten sind unverzichtbar und bieten den Stadtbewohnern gewissermaßen Erholung; es ist ein Stück gezähmte Natur. Für mich jedoch ist das nicht die Ordnung Gottes, die er in tausendfachen Gestalten geschaffen hat, unnachahmbar, faszinierend und einzigartig.

An einem staubigen Wegesrand, wo Disteln und wilde Kamillenblumen, Rotklee und Königs-kerzen den ganzen Sommer mit ihren Farben die Augen der Betrachter erfreuen, der Wald mit seinem Blättergewand von alten Buchen und

Föhren, die mal im Sturm rauschend, mal still träumend, doch immer gastfreundlich den Menschen und Tieren Schutz und Erholung bietend; die großen und kleinen Gewässer, die aus tiefem, dunklen Untergrund entspringen, die Berge mit ihren von Sturm, Schnee und Regen zerrissenem Gewand - in all diesen Dingen lebt der Herzschlag des Schöpfers.

Was hat Gott im Sinn gehabt, als er diesen Planeten mit Leben anhauchte: Luft und Licht, Wasser und Erde erschuf, um den Menschen, Tieren und Pflanzen das Existieren zu ermöglichen. Wir nehmen alles undankbar hin, ohne Furcht vor fehlender Demut gegenüber dem, der seine schützende Hand über diese Erde hält und geduldig unsere Arroganz erträgt.

Die Stille in meinem Zimmer, das Knistern des Kaminfeuers, der Hund zu meinen Füßen schlafend, in Geborgenheit gehüllt – Glück über Glück, bis in die tiefste Seele meines Wesens. Dann: ein Blick nach oben – DANKE!

Ein Tag im Tierheim

Das Telefon klingelt. In ihrer kleinen schwarzen Tasche, die sie um ihre Taille mit einem Gürtel befestigt hält, klingeln zwei Telefone abwechselnd und manchmal auch zugleich.

„Tierheim Altmünster, Rachbauer, Grüß Gott!" Am anderen Ende des Telefons meldete sich eine unsichtbare Frauenstimme – etwas aufgeregt:

„Sie, mir ist eine Katze zugelaufen und das seit Tagen! Ich hab sie gefüttert, aber ich kann sie nicht behalten! Bei mir leben noch zwei Katzen – unsere Katzen, eine Dritte können wir nicht mehr brauchen! Kann ich sie ins Tierheim bringen?"

Die Tierheimleiterin:„Haben Sie in der Nachbarschaft gefragt, ob die Katze doch jemanden gehören könnte?"

„Sie, ich habe keine Zeit dazu – ich bringe das Viech ins Tierheim."

Das zweite Telefon klingelt. Roswitha:„Bleiben Sie dran, das zweite Telefon klingelt gerade! - Tierheim Altmünster, Rachbauer, Grüß Gott!"

„Grüß Gott, Leitner! Wir haben gestern miteinander telefoniert – wegen einer Katze: eine dreifärbige Katze hätt´ ich gerne – zutraulich soll sie schon sein, auch stubenrein – wissen Sie, ich bin berufstätig und habe nicht viel Zeit um das Tier zu erziehen."

„Bleiben Sie dran – ich habe jemanden am anderen Telefon! - Sind Sie noch da?"

„Ja", antwortete die aufgeregte Stimme „Sie, wissen Sie was? Ich bringe Ihnen am Nachmittag die Katze vorbei – Auf Wiederhören!"

„Einen Moment bitte, noch eine Frage habe ich: welche Farbe hat die Katze?" „Es ist eine Glückskatze, dreifärbig!"

„Gut, dann bringen Sie die Katze ins Tierheim, ab 14:00 Uhr ist das Tierheim geöffnet."

Am anderen Telefon wartet noch immer Frau Leitner.

Roswitha: „Hallo, sind Sie noch da?"

„Ja, ich bin noch da!"

„Frau Leitner, ich glaube, dass ich Ihren Wunsch erfüllen kann. Schauen Sie am Nachmittag vorbei!" Tatsächlich kamen die zwei Frauen, fast zur selben Zeit, ins Tierheim. Die Eine brachte die Katze – übrigens eine zahme, schöne, manierliche Katze – und die andere Frau, Frau Leitner, verliebte sich gleich in das schöne Tier. Es wurden die schriftlichen Formalitäten erledigt, das macht Roswitha gewissenhaft, und Frau Leitner wurde glückliche Katzenbesitzerin, die andere, Frau Bosch hieß sie, musste kein schlechtes Gewissen haben, dass sie die Katze nicht zu sich nahm. Während Roswitha mit den zwei Frauen beschäftigt war, klingelte es an der Tür. Nun musste sie das Hunderudel in den

Garten sperren, um die Eingangstüre öffnen zu können.

„Grüß Gott!" Vor der Türe stand eine Frau mit ihrer Tochter.

„Meine Tochter wünscht sich einen Hund. Können wir uns ein bisschen umschauen?"

„Gerne! Kommen Sie herein!" Zugleich klingelte schon wieder eines der zwei Telefone.

Roswitha: „Warten Sie einen Augenblick! - Tierheim Altmünster, Rachbauer, Grüß Gott!"

„Schmid. Sie, ich befinde mich am Traunseeufer in Gmunden, wo sich eine größere Menschenmenge versammelt hat. Ein Schwan droht zu ersticken und niemand kann ihm helfen, bitte kommen Sie so schnell wie möglich!"

Roswitha: „Geben Sie mir Ihre Telefonnummer – ich rufe Sie umgehend zurück!"

Alleine hinzufahren machte keinen Sinn, denn auch sie konnte den armen Vogel, der sich im See befand, nicht retten. Geistesgegenwärtig rief sie die Feuerwehr an, die gleich Hilfe versprach. Welch ein Glück, Wilfried zu haben! Er begleitete sie mit zwei anderen Kollegen, sie nahmen ein Schlauchboot mit und fuhren an die besagte Stelle des Traunsees, wo Herr Schmid auf sie wartete. So konnte der Schwan gerettet und eine Stunde später ins Tierheim gebracht werden.

Doch die Frau mit ihrer Tochter wartete etwas ungeduldig, dass Roswitha sich endlich auch für sie Zeit nehmen würde.

Roswitha: „Welchen Hund stellen Sie sich denn vor?"

„Ein kleiner Hund soll es sein – helle Farben, folgsam, gut verträglich." „Kommen Sie mit, das Hunderudel befindet sich im Garten. Schauen Sie sich einmal in Ruhe um, vielleicht finden Sie den richtigen Hund für sich." Draußen im Garten warteten zwölf Hunde, die es gewohnt waren, von jedem Besucher Leckerlis zu bekommen. Die größeren Hunde drängten sich nach vorne, nur „Asta", der kleinste Hund von allen blieb ganz hinten und blickte das kleine Mädchen treuherzig an.

„Mama, schau! Das weiß–braune Hunderl! Ist das nicht lieb?" Sie ging zu ihm hin und fing an ihn zu streicheln.

„Mama, schau! Ist der nicht lieb? Bitte, bitte! Ich hab soviel Geld gespart! Ich möchte dieses Hunderl kaufen!" Roswitha unterbrach sie: „Der Hund ist eine Hundedame und heißt ‚Asta'. Sie kostet nichts, nur die Impfungen und die Operationen, die wir für den Tierarzt bezahlt haben, bitten wir zu ersetzen." Noch bevor die Feuerwehr mit dem verletzten Schwan eintraf, konnte „Asta" mit der glücklichen Hunde-besitzerin das Tierheim verlassen.

Dazwischen klingelte einige Male noch das Telefon. Aber die Tierheimleiterin hat mittlerweile alles im Griff. Der Tag endete so gegen Mitternacht, wobei sie in den späten Stunden die Büroarbeiten zu erledigen hat. Keine leichte Aufgabe, die nicht immer geschätzt wird, aber sie klagt nicht. Sie liebt die Tiere, sie lebt für die Tiere, sie lebt mit ihnen in bester Harmonie. Welch ein Glück, dass es Roswitha gibt! Und welch ein Glück für die Menschen, die oft durch unglückliche Umstände das geliebte Tier abgeben müssen – eben ins Tierheim, zu Roswitha. Und nicht zuletzt: manche gequälte, menschenunwürdig gehaltene Tiere oder Verletzte finden hier ebenfalls Schutz und Hilfe – hier im Tierheim Altmünster.

Aphorismen

Die Freude am Schreiben trug und trägt mich wie auf einer Sänfte durchs Leben.

Die Stille der Nacht ist mein wahres Daheim.
In der Stille verlangsamen sich meine Gedanken und ermöglichen dem Geist, sich zu regenerieren.

Ich verliere mein Ziel nie aus den Augen, allerdings auf dem Weg dorthin trage ich keineswegs Scheuklappen.

Die Füße und die Hoffnung tragen uns durchs Leben.

Schenke mit Herzen. Die Hände helfen es zu überreichen.

Hat man die Hoffnung verloren, ist der Tod nicht mehr weit.

Wenn ein mit Kleinkram überfüllter Tag mich zu erdrücken droht, lass ich alles liegen und schreibe ein Gedicht, das die wundersame Gabe hat, die Ruhe wiederherzustellen.

Erwarte nicht - lass Dich überraschen.

Begeisterung, gepaart mit Überzeugung, verleiht uns Flügel und führt uns zu dem beabsichtigten Ziel.

Einem lachenden Gesicht widersteht keine noch so bedrohliche Wolke, sie muss die Sonne freigeben.

Mach den ersten Schritt und lach.
Die anderen kommen gleich nach.
Bis eines Tages leis und still
erwachst gerührt – Du bist am Ziel.

Alles in der Natur fließt ineinander.
Der Mensch nimmt keine Notiz davon
und doch ist er Teil dieser ewigen
Bewegung.

Träumend erreicht man den Himmel
Lachend erreicht man das Leben
Weinend erreicht man sich selbst
Betend erreicht man Gott.

Gedanken sind vorausschauende
Realität.

Es gibt keine größere Kostbarkeit als ein
mitleidiges Herz.

Aus der unerschöpflichen Zahl der
Gedanken pflege nur diejenigen, die
Dich zuversichtlich stimmen. Zuversicht
fördert die positive Energie und lässt
Grübeleien keinen freien Raum.

Wenn ich eine Blume betrachte, alles um mich ist Schönheit.
Wenn ich den sternenübersäten Himmel anschaue, meine Seele ist entzückt und mein Geist gerät ins Schwärmen.
Wenn ich meinen Hund streichle, ist alles Harmonie und Wohlgefühl.

Die Musik und die Poesie sind wie eineiige Zwillinge, alle beiden entzücken das Ohr und befreien die Seele.
Alle beiden verkörpern die höchst feinsinnigste Stufe der Kunst.

Schenke Deinem Glauben Kraft und kein Hindernis wird den Weg zum Erfolg versperren können.

Frage nicht nach dem Sinn des Lebens, es könnte sein, dass Du am Ende das Leben selbst verpasst, ohne die Antworten gefunden zu haben.

Die Logik der Gefühle ist treffsicherer und unfassender als die Logik des Geistes, vorausgesetzt man ist ein Gefühlsmensch.

Die Poesie ist die Symphonie des Herzens.

Die Autorin

Obwohl der Autorin bewusst ist, dass die Veröffentlichung eines Gedichtbandes heutzutage nicht mehr so hoch im Kurs steht, macht sie es trotzdem mit der festen Überzeugung, dass das Gedicht als Echo der Melodie des Herzens Zeiten übersteht.

In Gedichten versucht Petruta Ritter ihre ungestüme Liebe zur Natur, die einen wichtigen Bestandteil ihres Lebens ausmacht, Ausdruck zu verleihen. Ob der eigene Garten, eine blühende Wiese oder der Wald, wo sie immer wieder Zuflucht findet, all diese Orte machen den Gegenstand ihrer Inspiration aus.

Aber auch manche Lebenskonflikte, die aus einer zerstörerischen Beziehung entstehen, beschreibt die Autorin mit einer mutigen Offenheit.

Literarischer Werdegang:

Neben „Salzkammergutzauber" wurden auch die Romane „Im Schatten des Glücks" und „Jasminblüte", die Autobiographie „Die erträumte Freiheit" sowie der Gedichtband „Licht und Schatten" veröffentlicht.

Die Autorin nahm auch erfolgreich an zwei Anthologien teil („Lyrik und Prosa unserer Zeit",

Anthologieband 15 und „Winter-Märchen-Haft"
Winteranthologie)

Die Autorin finden Sie im Internet unter
www.petrutaritter.at